一歩
踏み出したい
人の背中を
押す本

指示待ちさんから自分で選ぶさんへ変

一般社団法人 日本心理学マネジメント協会
代表理事 後藤 有可子

はじめに

本書を手に取っていただき、ありがとうございます。

私はこれまでのカウンセリングやレクチャーを通じて、特に女性起業家の初期の方が、「自信がない」「この先が不安」「発信が難しい」など、他人の目を気にして動けないでいる状況をたくさん目のあたりにしてきました。

その経験から感じることは、多くの女性が「指示待ちさん」に陥っているということです。**「自分で選択し、自分で決断し、自分の意思で行動する」**ということがなかなかできません。

巷には、たくさんのビジネス書や自己啓発書があふれています。ビジネススキルやコミュニケーションスキルを磨きたいと、これらの本を購入されている方も多いのではないでしょうか。

私が指導した女性起業家の方々も勉強家ばかりで、多くのそうした書籍を読んで勉強されています。

しかし、私がもっとも伝えたいことは、その前に**「心の状態」**を整えることこそが大事だということです。

というのも、本などを通じて、どんなに素晴らしいスキルを身につけても、心の状態が不安定だと結局頭でっかちになるだけで、まったく成果が上がりません。

まず、「自分自身のことを知り、自分を見つめ、理解し、自分を深掘りする」ことがもっとも重要になります。

自分の人生を輝かせるためにとっても大事なことは、**「自分で選択し、自分で決断し、自分の意思で行動する力」**を身につけることです。

また「何をしたらいいかわからない」と悩んでいる方は、**「他人の人生」**を生きている可能性があります。

他人の人生とは、「主語が他人」になっている人のことです。たとえば「〇〇さんが言うから」「〇〇さんがやっているから」と、他人の意見や思考を優先させている人のことです。

ではいったい、あなた自身は「どう思って、何をしたい」のでしょうか？　このままでは、いつまでたっても「指示待ちさん」から抜け出せません。

この本では、「指示待ちさん」から「自分で選ぶさん」に変身するための６つのスキルをお伝えいたします。

スキル①「自分の本当の気持ち」を見つける
スキル②「不安の本質」を知り、解消する
スキル③「自分の才能」をしっかりと自覚する
スキル④「なりたい未来」を具体的にイメージする
スキル⑤「私はできる！　絶対うまくいく！」と自分に許可を出す
スキル⑥「自分を主語」にしてすべてのことを決断する

これらのスキルを実践することで、**「人生の主人公は自分」**ということを再認識することができるでしょう。まさに、**「主語を自分」**にすることで、世界がガラッと変わるのです。

本書では、自分の本当の気持ちに従って、素直に行動できるようになるワーク、思考の仕方、目標設定の仕方など、これから人生の主人公として生きていく上でなくてはならない力を身につけることにフォーカスしてお届けします。

あなたが行うのは、本書に書いてあるワークを、そのまま実践するだけです。この一冊で、人生の主人公になれるとしたら、これほど素敵なことはないでしょう。あなたの人生を変える「自分で選ぶさん」に変身する知恵を、ぜひ今日から実践していきましょう。

一般社団法人 日本心理学マネジメント協会
代表理事　後藤 有可子

プロローグ

このままでいいの？と思い始めたらあなたはもう一歩踏み出している！

第1章 自分の本当の気持ちを見つけることが自分を幸せにする

第2章

不安の本質さえ知れば前向きになれる

第3章
「自分の才能」を見つけたら未来の無限の可能性が広がる

第4章

「なりたい未来をイメージする」ことで潜在意識が動き出す

第5章 私はできる！ 絶対うまくいく！ と自分に許可を出そう

第6章

人生の主人公はあなた！自分を主語にして決断する

プロローグ

このままでいいの？と思い始めたらあなたはもう一歩踏み出している！

潜在意識を「人生の主人公は自分！」と書き換えましょう

「自分にはムリ！」
「歳だからムリ！」
「お金がないからムリ！」
が口ぐせになっていませんか？

「〇〇だからムリ！」、この言葉がでるのは何故でしょう？
本当は、やりたいし、歳のせいにはしたくないと思っている方がほとんどです。
なのに、口ではこうした「いいわけ」をつらつらと並べてしまいます。「ムリ」が
あなたをがんじがらめに縛りつけています。
「いいわけ」の対象となる要素は、次の８つはこれではないですか？

・自分
・歳
・お金
・時間

・こども
・学歴
・職歴
・人脈

そして、「いいわけ」の原因は、大きく分けて次の三つです。

一つ目は、自分が望んでいる状態を、全く想像できないためです。脳は、想像できないものや想像していない状態では動こうとしません。できている自分、歳は関係なく活躍している自分の姿が、他人事になっているのかもしれません。

二つ目は、思い込みです。行動する前から、ムリと決めつけている。もしくは、できないと決めつけている。これは、やってもいないことをムリだと思い込んでいるだけです。

三つ目は、無意識で現状に満足している。変わることで違う自分になるのを無意識に恐れている。もしくは、今の状況を変えるのは嫌だと思っているからです。

「〇〇だからムリ！」という口ぐせがでてきたら、行動を止めているかもしれない原因は何か、問いかけてみてください。

原因がわかると、不思議と行動しやすくなります。否定した言葉を、口グセにしていると、脳がその言葉を覚えこんでしまい、すべての可能性がゼロになります。

「なんか良い事ないかなぁ〜」と向こうからやってくるのを待っていませんか？

誰も、あなたに幸せを運んできません。

結論からいうと、ただ待っているだけでは、なにもやってこないということです。

「チャンスは寝て待て」や「果報は寝て待て」という言葉がありますが、これは十分努力した結果に対して使われるものです。

例えば、

〈試験を受けた場合〉

明日、結果発表があり合否が気になってしかたがない。
しかし、焦ってもどうすることもできない。
十分、勉強してきたのだから果報はゆっくり寝て待とう。

〔宝くじを買った場合〕
当選率は低いが、そもそも買わないと当たるものも当たらない。
当選発表まで「果報は寝て待て」というように楽しみに待とう。
このように、何かしらのアクションを起こさないと、良いことも悪いことも、向こうから勝手にやってくることはありません。

「なんか良い事ないかなぁ」と心の声がしたら、

・具体的に、なんかとは何か？
・自分にとって良い事とは何か？
・本当は何を望んでいるのか？

と問いかけ、できるだけ書き出してみましょう。

そして、書き出したものに

・いつまでに起こってほしいか？

と優先順位と期限を決めるということが、とても重要になります（後に詳しくお話しします）。

指示待ちさんになったわけは人の評価が非常に気になるから！

・親や上司から評価されたい、期待に応えたい
・仲間と良い関係でいたい
・世間からすごいと言われたい
・家族に良く思ってもらいたい

これらは、他人を意識するあまり、自分の思い通りの行動や言動に自信がないという現れです。原因は、育った環境が影響していることが多いです。

例えば、AさんとBさん。同じ大学に進み、それぞれ一流の会社に就職したとします。Aさんは、会社でバリバリ働き活躍していますが、Bさんは、途中でウツになりせっかく入った会社を辞めてしまいました。学歴は同じこの二人の差は、どこにあるのでしょうか？

AさんとBさんに、「なぜ、この大学を選んだの？」「なぜ、この会社を受けようと思ったの？」と質問します。

Aさん「将来、○○の仕事がしたくて、そのためには、この大学に入り、この企業に勤めるのがベストだと思ったからです」。

Bさん「母親が、この大学に行ってほしい。そして、こういう会社に入ったら将来安定すると選んでくれました」

Aさんは、やりたいことがあって、学校も会社も自分で決めました。

Bさんは、特にやりたいことがあったわけでもなく、学校も会社も母親が決めました。

そして、会社に入ると仕事上でのトラブルがつきものです。

トラブルが発生すると上司は、社員教育ために時には、「自分で考えてみなさい」と言うことがあります。

こんなときAさんは「わかりました。自分で考えて対処します」と次の行動に動きます。一方、Bさんは、上司の指示がないと動けません。「どうしよう…」「また聞いたら、自分で考えなさいといわれるだろうし、人に聞くのも迷惑がかかるだろうし、どうしよう…」。そんなことが重なってBさんは自信を失い、ついにはウツっぽくなってしまいました。

Aさんの場合、自分で決めることができる**「内向基準」**といいます。

Bさんの場合、他人の意見を優先する**「外的基準」**といいます。

自信には、行動を起こして目的を達成し「自分にはできる」という自己決定感が必要です。

Aさんは、自分がやりたいことを決めて達成したので自信があります。

Bさんは、周りにすすめられたことを選択し、自己決定感が不足したままです。

「この人生は、母親の望みを叶えたもので、自分の望みではない」

⬅

「これは、本当の自分ではない」

⬅

「やりたいことがわからない。自信がない」

といった前提があるため、いざ、自分でものごとを選択したり、考えたりしなければいけない状況で立ち止まってしまうのです。

Bさんが、もっと早い段階で、内的基準（自分でものごとを決める力）があれば進路も変わっていたでしょう。

こうして人は、さまざまな判断基準によって、無意識に日常の些細なことまでも決定して行動しています。その積み重ねが人生の方向を大きく変えてしまうのです。この判断基準が、**「脳のクセ」**や**「脳のパターン」**と言われてものです。

生まれ育った生活環境から出来上がった、脳のクセや脳のパターンを変えていくことは可能です。変えていくことで、行動できなかった自分が行動できたり、人に意見できなかった人も自分の気持ちを伝えられるようになります。

今日から「自分の人生こんなもんじゃない！」と断言しよう！

この本を手に取っている、今のあなたの本音は、「私の人生は、まだまだこんなもんじゃない！」と思っているはずです。その通りです！

今日から「私はもっとできる」「私の魅力は、まだ出ていない」と毎日繰り返し唱えてみてください。

今、人生１００年時代といわれています。もし、あなたが私と同じ年代であれば、50年ほどあるということです。50年ですよ。50年あったら何でもできます。これから人生のピークを迎えることもできますし、大きな目標を達成することもできます。

選択が苦手で他人の意見を取り入れてきた方、自分の行動や言動に自信がない方、この本を手にしているということは、すでに「選ぶ力」「学ぶ力」「変わろうとする気持ち」があるということです。

さあ、次のことを実行して今から新しい自分になりましょう。

・何ごとも自分で決める

・決めたことを実行する

・言いたいことを言う

それが、たとえ間違ったり失敗したりしても、自分で選択したことには責任感が生まれるので心が強くなっていきます。

日常の些細なことからはじめてみましょう。

例えば、

・スーパーで自分の食べたいものを選ぶ

・自分の着たい服を自分で選び、買って着る

・美容院を予約して、自分の好きな髪型に挑戦してみる

・自分の行きたいお店を調べて実際に行く
・自分の行きたいホテルや旅館に泊まる計画を立て実行する
こんなことでも、この上なく、楽しい気持ちになるはずです。

脳を「人生の主人公は自分！」と書き換えよう

これからご紹介する「6つのスキル」は、私が主宰している「ブランディング心理学」で皆さんにお伝えしているものです。このスキルを手に入れることによって、ものごとを自分で選択する力が生まれます。自分で選択ができるようになると、無意識のうちに行動できるようになります。

全く自分に自信がなかった方でも、受講後には、やりたいことが見つかり、そこに向かってイキイキと歩んでいます。

他人の人生を歩いている場合ではないのです。「6つのスキル」を身につけ、実践しながら人生の主人公になってください。「人生は思い通りになる！」のです。

【6つのスキル】
スキル❶「自分の本当の気持ち」を見つける
スキル❷「不安の本質」を知り、解消する
スキル❸「自分の才能」をしっかりと自覚する
スキル❹「なりたい未来」を具体的にイメージする
スキル❺「私はできる！　絶対うまくいく！」と、自分に許可を出す
スキル❻「自分を主語」にしてすべてのことを決断する

この本を手に取ったあなたは、もうすでに一歩踏み出しているのです。チャンスの扉は開きはじめています。

次章から「6つのスキル」を章ごとに解説していきます。

6つのスキルを身につけて
人生の主人公になりましょう!

第1章

自分の本当の気持ちを見つけることが自分を幸せにする

そろそろ「自分の人生」を
生きてみませんか

自分の本当の気持ちを見つけることは本来の自分を好きになること

自分の本当の気持ちというのは、深掘りをしていかないと出てきません。なぜなら、今まで生きてきた様々な経験が色をつけてしまっているので、なかなか自分自身でも本当の気持ちには気づかないのです。

「○○した方が評判良いとか」「○○した方が世間に認められる」「○○した方が幸せそうに見えるかもしれない」などという、自分の気持ちより他人目線に重きを置いてしまっているからです。

自分の「人生の目的」を書き出してみよう
——整理することで、自分を見つめ直すことができる

私の人生の目的は「○○です」と言えるようになることが大事です。

例えば、「お金を稼ぎたい」と考えたとき、その目的は何か？「安心や安全」かもしれませんし、「可能性」や「挑戦」かもしれません。

例えば、「長生きをしたい！」と考えたとき、その目的は何か？家族や友人と楽しく過ごしたいのか、孫の顔がみたいのか、あるいは健康を維持したいのか…。

必ず、「〇〇したい」と思うことの先には、「目的」というものがあります。ここを明確にすることで、何に向かえばいいのかが見えてきます。どんな人生を歩んでいきたいのか、その目的も書き出して自分の気持ちを整理することで、自分を見つめ直すことができるはずです。

自分に「質問」してみよう
——気づいていない自分に出会える

あなたは、何をやるのが好きで、何をやっているときにワクワクしますか？そのときに、どんな情熱を感じますか？自分自身に聞いてみてください。

例えば、「人を幸せにすること」や「人にプレゼントをすること」、「手紙や文章を書くこと」「音楽」や「スポーツ」「ファッション」かもしれません。起業家の方は、お客様に喜んでもらうこと、問題解決を手伝うことかもしれません。

ここで注意しなければならないのは「やりたいこと」と「やった方がいいこと」の違いをはっきりさせておくことです。言うまでもなく「やりたいこと」を優先しましょう。この違いを曖昧にして選んでしまうと、望んでいる結果を出すことができなくなります。

「好き」を重視し、情熱を感じるものが選択のポイントです。自分でも気づいていない自分に出会えるはずです。

まずは、「小さなこと」にチャレンジしよう
――達成感や成長を感じることで、自分を認めることができる

達成感ってどんなイメージですか？

富士山に登るとか、マラソンで完走する、会社だと担当するプロジェクトを成功させることなどでしょうか。

このような大きなことをしなければいけないとか、目に見える結果を出さなければ達成感は味わえないのではないかと、大げさに考えてしまいがちです。

ですがそんなことは全くなく、日常でも十分達成感を味わうことができます。日常の小さなことの積み重ねこそが、壊れにくく、素晴らしいものになっていきます。そして、目標を達成するときも、この小さな積み重ねが必要です。

私が受講生さんたちにお勧めしている方法は、朝起きてから、一番に、今日1日のやることのリストをつくるということです。

例えば、主婦の方（午前中にすること）

・掃除機をかける
・洗濯機をまわす
・玄関をきれいにする
・お花の水やりをする

・ペットの世話をする
・○○さんに連絡する
・買い物にいく　など

これらをやり終えたら、ひとつずつ赤ペンで消していきます。赤ペンが引かれたものをみると達成感が生まれてきます。

そして、「私、こんなに頑張ったんだ！」「私ってすごい！」と自分を褒めください。

この小さなことで「自分を褒める作業」で脳が反応します。達成感を味わうのです。「毎日頑張っている私って偉いなぁ～」と認めてください。認めることで自信が生まれてくるのです。

自分の「価値観」を最も優先しよう
――それが、「自分の気持ち」を大切にするということ

■価値観とは一体何か？

物事を判断するときの見方や捉え方、何に重きを置くかは人さまざまです。その視点がそれぞれの価値観です。

例えば、旅行に出かける際、「美味しいものを食べたいから有名な旅館に泊まりたい」と思うか、「お金がもったいないからビジネスホテルで十分だ」と思うか。

飛行機に乗るときも、「広くてゆったり快適に移動時間を楽しむためにビジネスクラスを予約する」と思うか、「移動手段のお金は節約してエコノミーで良い。その分ホテルを豪華にする」と思うか。

人間関係でも、「狭く濃密なものにした方が良い」という人があれば、「広く浅く割り切った関係が良い」を望む人もいます。

このように一人ひとりの考え方、価値観は違います。似たような環境で一緒に暮らしている家族でさえ、違う価値観をもっています。

■なぜ、価値観を優先しないといけないのか？

私たちは、日常の些細なことから人生を左右する大きなことまで、常に選択を繰りかえしながら生きています。

この選択の判断基準となっているのが「価値観」です。自覚はなくても、人生をかたち作るっているのは、紛れもなく価値観なのです。つまり、自分らしさを最も象徴するものと言えます。

自分らしさを出さず、自分の価値観にフタをしていると、自信がなくなったり、生きづらくなったりします。

特に、現代は情報が溢れていますから、ＳＮＳやＴＶなどの「他人発信」に時間をとられ、なかなか自分に目を向ける時間がありません。

生きづらさの原因は、自分を振り返る機会が全く与えられないまま、気がつけば他人発信の情報に振り回されているというのが事実です。

ですので、「自分の価値観を優先していくクセ」を身につけることが生きていく上で重要になります。

■価値観を優先すると

自分の価値観に沿った生き方ができると、やる気が溢れ出て他人から見れば「苦」でしかないことも、むしろ楽しいという境地に立つことができます。

例えば、舞台俳優は大衆を前にステージ上で、大きな声を出して叫んだり泣いたり笑ったりしています。

俳優は、人前で演技することに大きな喜びを感じます。でも、人前に立つのが苦手な人やあがり症の人にとっては、そんな経験はいくらお金を積まれたところでお断りですよね。

でも俳優にとっては最高に幸せな瞬間です。彼らには、大衆の前で自己表現したいという価値観がもともとあって、それに従っているので大きな喜びを感じられます。

つまり、人は価値観に沿った行動ができるようになると、幸せを感じる生き方ができるようになります。言い換えると価値観に沿った行動ができたとき、人は最大の強みを発揮できるということです。

苦を苦と思わず楽しんで行動できるなら、成果も上がり、その過程もワクワクしているはずです。まさに脳にも良い状態となり、まさに「幸せ」を実感するのです。

■価値観は、課題によって違うことも知っておく

多くの皆さんは、価値観をひとつにまとめていますが、実は課題によって違います。

例えば、「恋愛」では、純粋・正直・楽しさ・相手を思いやる・愛情・信頼・尊敬・幸せなどのキーワードが価値観となります。

また、「仕事」では、誠実・確実・スピード・お金・人間関係・やりがい・達成感・充実感などのキーワードに価値観がおかれます。

「恋愛」と「仕事」の価値観は明らかに違いますよね。仕事では尊敬している方でも恋愛となると違うと感じるのは、この価値観の違いのためなのです。

価値観に沿った行動により
自信を持ち
強みを発揮できる！

人・モノ・情報、自分に必要なものといらないものを選択しよう
——自分で選ぶ快感が得られる

必要なもの、大切なものだけ残す意識で、今一度、自分の周りを見直してみましょう。自分にとって必要のないものに囲まれていると、本当に大切にしたいことが見えなくなってしまいます。

例えば、「家の中」。必要なものだけ残して、いらないものを思いきって処分してみましょう。そうすると新しく収納スペースが確保できて、いろいろな物を整理・収納するできるようになり、家の中に空間とゆとりが生まれます。そして、部屋の中を整理するだけで、不思議と思考までスッキリしてきます。

5年ほど前、私がカウンセリングをしたある女性のお話しです。

「彼氏とすぐにでも別れたいのですが、今までの思い出がいっぱいあって、別れるのがもったいなくて、半年以上言い出せないのです…」

この時、私が口に出したことは質問でもアドバイスでもなく、

「家の中が物であふれて散らかっていませんか？ 次回までに家の中をきれいに掃除してきてください」

彼女は、びっくりして帰って行きました。

3週間後、私の前に現れた彼女は、以前の彼女ではなくイキイキとした表情で、

「あれから、妹に掃除を手伝ってもらって、いらないものを全部捨てました。そうしたら、今の状況は無駄な時間だと思えてきて、彼氏に別れを切り出すことができました」

とのこと。彼女の報告は、それだけではなかったのです。

「バイト先の店長から、お付き合いしてくださいと言われたのです」

と続けます。その嬉しそうな顔は今でも忘れられません。

この報告を受けた時、やはり、「心の状態は環境と繋がっている」と確信しました。

「物事を整理すると新しいものが入ってくる」ということに、改めて気づかされま

した。

モノを手放すということと、心の状態は一見関係がないようにも思えますが実は繋がっています。手放すことで自分にとって大切なことに意識を向けられるのです。そして、見逃してしまいがちなチャンスを掴むきっかけにもなります。

これは、見えるモノだけではなく、周りの人間関係や様々な情報、全てに言えることです。いまだに行動に移せない自分がいるとしたら、一旦、自分の環境と心の状態を見直してみてください。付き合わなくてもいい人、見たり聞いたりしなくてもいい情報、使わないモノはありませんか？

自分の本当の声を聞いて、整理してみてください。「自分で決める」という力がついてきます。

ワーク❶

「自分の本当の気持ち」を発見する

――「自分の本当の気持ち」を整理することで第一歩が踏み出せる

(1) 何をしている時がワクワクしていますか?

些細なこと、身近なことでも良いですからイメージしながら書いてください。

■（　　　　　　　　　　）
■（　　　　　　　　　　）
■（　　　　　　　　　　）
■（　　　　　　　　　　）
■（　　　　　　　　　　）

(2) あなたが本当にやりたいことは？

制限がなかった状況をイメージして書いてください。

■（　　　　　　　　　　　　　　　　）
■（　　　　　　　　　　　　　　　　）
■（　　　　　　　　　　　　　　　　）
■（　　　　　　　　　　　　　　　　）
■（　　　　　　　　　　　　　　　　）

(3) 価値観の見つけ方

※このワークをやる前に、付箋《ふせん》を用意して下さい。

①まず、何についての価値観を見つけたいか「課題」を決める。

(例) 人生、恋愛、仕事、人間関係、家族など

■（　　　　　　　　　　　　　　　　）

②課題について、自分が必要に思うことを10個、付箋《ふせん》に一枚ずつそれぞれ書いてください。

（例）課題「人生」について
・健康
・お金
・家族　など…（ランダムな状態）

③書き出したら、どこから満たされればいいのか？優先順に並べていきます。

（例）1 健康
2 家族
3 お金　…（順位付けする）

この例でいくと、「健康に最も価値を置き、大事にしている」ということです。

このワーク❶をすることで、「自分は何が好きなのか」「何がしたいのか」「何を大事にしているのか」が見えてきます。

そして、このワークを丁寧にやっていくと「本当は何を大事にしているのか」が一目瞭然になります。

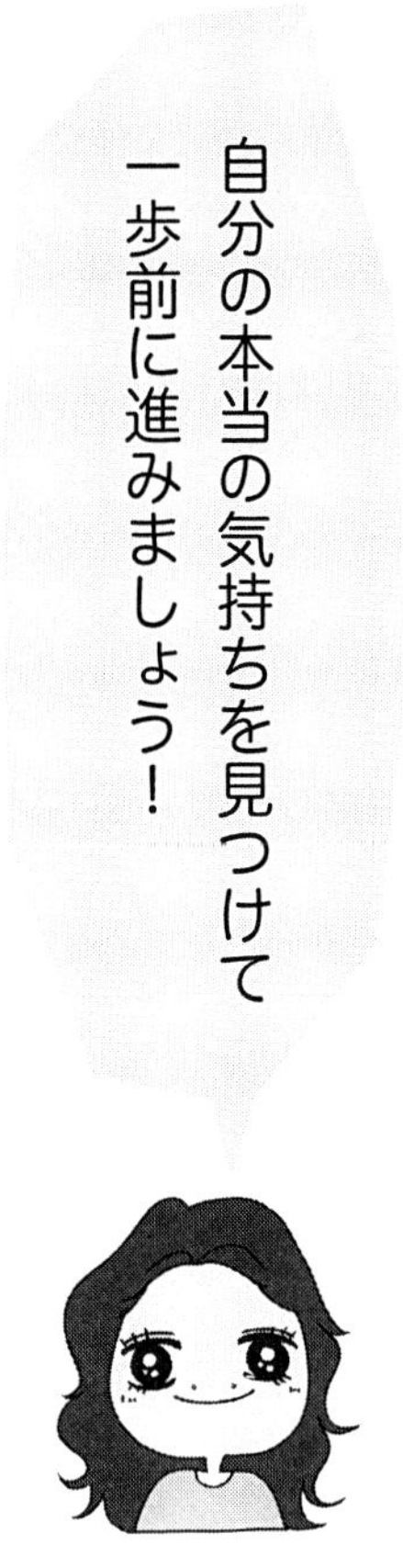
自分の本当の気持ちを見つけて
一歩前に進みましょう！

第2章

不安の本質さえ知れば前向きになれる

誰もが体験する「成長のサイン」を賢く活用する

「不安」とは何か？
過去・現在・未来それぞれにある不安

行動する時に、不安という言葉が、ほとんどの人の口から出てきます。

この「不安」よく考えてみると3つに分かれます。

それぞれ、簡単にみていきましょう。

■過去からくる不安

「過去」に自分の気持ちを置きすぎている場合です。

過去の失敗を振り返り、これから先も
「同じ失敗を繰り返すのではないか」

「もう、あんな思いはしたくない」

「どうせ、できないだろう」

というように、まだ起こってもいない未来に対して、同じ過ちを繰り返すのではないかと不安になります。

過去の後悔や未練は、未来への不安や恐怖を生み出してしまいます。そして、未来に明るい気持ちをもてなくなり苦しくなってしまいます。

■現在の不安

具体的に何がしたいのか、このままではダメなのだけど…

「何をしたらいいのかわからない」

「誰か導いてくれないか」

「このままだと老後が不安」

変化を恐れて、不安になってしまうのです。

今まで、自分で選択することがあまりなかったのかもしれません。

誰の人生を歩いているのかを考えてみましょう。

■未来に対する不安

「未来」に完璧をもとめている場合です。

もしくは、変わる自分がイメージできていない状況です。

「失敗したらどうしよう」

「嫌われたらどうしよう」

「人になんて思われるだろう」

「間違ってはいけない」

やってみないとわからないのです。心配したことが起こるかもしれませんし、起こらないかもしれません。

ただ、言えることがあります。その心配は、実は「妄想」「思い込み」「勘違い」「取り越し苦労」に過ぎないということです。実態がないといってもいいでしょう。

客観的にみれば、何でもないことに振り回されていることが多いのです。

「未来に対する不安」は自分の課題を乗り越えられるというサイン

未来に対する不安とは、一言でいうと「まだ見ぬもの」。対象や根拠が、はっきりとしないままに漠然とした恐れを抱くことです。

ですので「不安」と聞くと、一見、自分にとって良くないことと想定してしまいがちですが、人間にとって不安とは「非常に役に立つ感情」なのです。

「不安=リスクを考える力」と捉えると、それを回避する能力があるということになります。つまり、その課題を乗り越える準備（サイン）ができているということです。例えば、「老後の健康に不安を感じる」とするならば、今から、食事に気をつけたり、運動をして体力をつけることもできます。私も、老後に関しては、運動不足で足腰が弱りそうなので歩かなくてはと思っています。

昔から、人間は不安を取り除くために、知恵を絞り進化してきました。この観点から「不安はあって当然だ」くらいに思えると楽になりますね。

未来に対する不安はあって当然、誰にでもある

「不安はあって当然」

「不安は当たり前」

人に限らず、この世に生きているすべてのものは、不安を感じやすいものです。

進んだことのない道は、真っ暗なトンネルのようなもの。将来が不安じゃない人なんて一人もいないはずです。

不安を感じるのは、誰にでも起こる自然なことであり、決して特別なことではありません。不安を感じている自分を認めてあげてください。

■不安が出てきたら五感を使ってリラックス！

不安になった時、五感を使ったリラック方法があります。

- 深呼吸する
- 音楽を聴く
- アロマを焚く
- ゆっくり湯舟に浸かる
- 美味しいものを食べる
- 散歩やストレッチ
- 瞑想（マインドフルネス）
- 睡眠をたっぷりとる
- 親しい人や信頼している人に相談する

このような対処法を自分で知っておくといいですね。

ちなみに私は、お風呂に入って自分でヘッドマッサージをします。少し熱めのお湯で、しっかりと時間をかけて揉むので、血行がよくなった感じがしてスッキリします。

不安は、どういう人が強く感じるのか？

強く不安を感じる人、それはズバリ「なんでも完璧にしようと思う人」です。
そんな人の頭の中は、

・失敗したらどうしよう
・間違えたらどうしよう
・人に認められなかったらどうしよう
・落ち度があたらどうしよう
・世間にどうみられるか
・○○さんより上手くないかも
・私なんて…

そう考えてしまう完璧主義者です。

１００％の結果を得ようと思うから、考えなくてもいいことを考えてしまうのです。自ら課題を増やして、結局、不安を抱えてしまうという悪循環です。

まだ起きていないこと、起こるはずがないものまで、あれこれ頭の中で不安をつくりあげてしまいます。

これは、いわゆる「妄想」です。妄想ですので8割は起こりません。そう考えると、不安な気持ちで頭を膨らませている自分が可哀想です。

不安が出てきたら、「その心配や不安は8割起こらないから大丈夫！」と上書きしてください。少し心が軽くなります。

未来に対する不安はステージごとに出てくる「成長のサイン」

不安の大きな要因は、環境の変化です。

もし、あなたが、不安でザワザワ、心がソワソワしてきたら、それは、次のステージへ進んでいるというサインです。

例えば、進学・進級したとき、新しい学校やクラスで友達できるかな？先生とうまくやっていけるだろうか？　勉強はついていけるだろうか？　といろんな角度からの不安が出てくると思います。

就職したときやバイトやパートで働き始めるとき、職場に慣れるまで誰もが不安でいっぱいなものです。

人間関係でも、初対面の人と話すときに、ドキドキしたり、いつものようにすらすら言葉がでなかったり、赤面したり、顔がこわばったり、緊張や不安が体から溢れます。

この対人関係の不安には、「良い評価をうけたい」「自分の考えをわかってもらいたい」という願望や目的が隠れています。

余談ですが、私も経験があります。

高校の友人の結婚式のスピーチ。スピーチを頼まれた時は、嬉しくて何色の着物を着て行こうかなとか、どんな髪型にしようかなと浮かれていました。

ところが、前日の夜、緊張と不安で眠れず、当日は食事も喉を通らず、久しぶりに会った友達との会話も上の空…。自分の出番になると頭が真っ白になり、あれだけ練習したのに水の泡。結局、紙を見ながら棒読みになってしまいました。おまけに足は、漫画のようにガクガクと震える始末です。

今、思い出しただけでも、恥ずかしいものです。ただ、こうして笑い話にできる経験ができて、ありがたいことだと感謝です。不安を感じる人の方が、成長していると いうこと。人生を楽しめる！ そんなもんです。

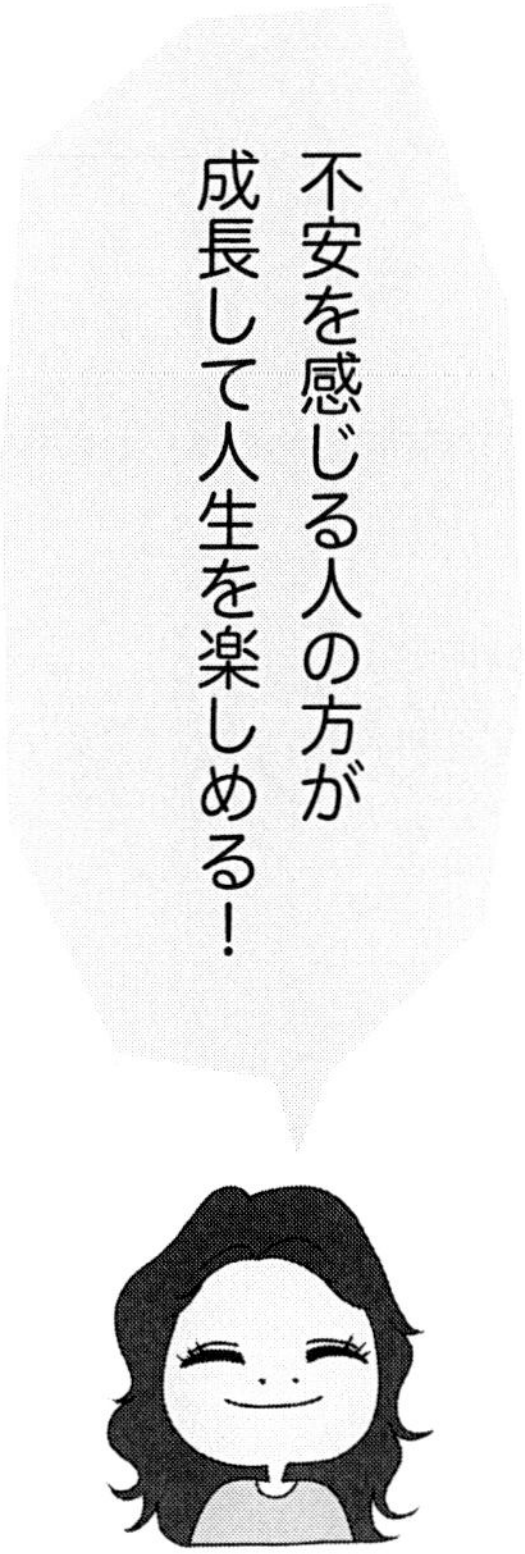
不安を感じる人の方が
成長して人生を楽しめる！

ワーク❷

「未来に対する不安」を解消する

――「未来に対する不安を想定することは解決策を準備すること

(1) 未来の何に不安を感じているのか書けるだけ書き出す（具体的に）

（例）定年した後のことを考えて、何かやりたいけど、何をしたらいいか分からない。

■（　　　　　　　　　　　　　　　　　　　　）

■（　　　　　　　　　　　　　　　　　　　　）

■（　　　　　　　　　　　　　　　　　　　　）

(2) 未来の不安＝問題はどうなったらうれしいのか？

例：定年後に好きなことで、生き生きと仕事ができていたら嬉しい。

■〔　　　　　　　　　　　　　　　　　　　　〕
■〔　　　　　　　　　　　　　　　　　　　　〕
■〔　　　　　　　　　　　　　　　　　　　　〕

(3) 未来の不安が解決した時の感覚は？

（例）定年後も忙しく楽しく自分の時間を充実させることができ、身も心もやる気に満ちている。若くなった気分がする。

■〔　　　　　　　　　　　　　　　　　　　　〕
■〔　　　　　　　　　　　　　　　　　　　　〕
■〔　　　　　　　　　　　　　　　　　　　　〕

このワーク❷をすることで、不安の原因が見つかり、その解決策が見えてきます。

自分の知らない
自分の才能を見つけて
磨いて伸ばして行こう！

第3章

「自分の才能」を見つけたら未来の無限の可能性が広がる

あなたの中に眠る「人から褒められるもの」を探してみよう

「自分の才能」に気づいていない人がとっても多い！

なかなか自分で自分のことを、客観視できる人はいませんね。

今まで、たくさんの方のコンサルやカウンセリングをさせていただきましたが、「私は才能があります！」と、はっきり言う方はいませんでした。

こちらから、「〇〇さんは、△△ができて素晴らしいですね！」と言うと、「そうですか？ 大したことはないですけど」と決まって返ってきます。

才能が見つからない原因というのは、私たちは子供の頃から、「みんなに合わせましょう」という教育を受けてきたためです。集団生活で孤立すると、強いストレスを感じるために自然と周囲に合わせてしまうのです。

例えば、

・高校を卒業したら、みんなが大学に行くので自分も行く

・本当は行きたくないけど、集まりがあるから顔を出しに行く
・食事会の後、直ぐに帰りたいけど二次会に誘われたから行く

というように周りに合わせます。そんな習慣が自分の良さや才能に封印をして、自分が何をしたいかを分からなくさせてしまうのです。

また、少しの失敗で「私は何をやっても無理だ！」と決めつけてしまうと、「上手くいかないのが当たり前だ」と思い込んで、ますます自分の才能に気づくことができません。

もうひとつの才能が見つからない原因は、幼少期に受けた親からの影響があります。

例えば

・バレエを習いたい！
・バレエを始めたい！

と踊る才能がある子や自分を表現することに長けている子に対して、
「バレエをするくらいなら勉強しなさい！」

「バレエはお金がかかるから別のことをしなさい」

という親からの接し方をされたとしたら、諦めるしかないですよね。

環境や周りの影響で才能を開花できず、自らのチャンスを失っている人が実に多いのです。

才能を喜んで受け取ってくれる人が身近にいないと、自分に対しての価値を受け取れないまま成長してしまいます。ですので、どんなに才能があったとしても周りから与えられた思い込みのせいで、自分の才能に気づかないのです。

才能がないのではなく いまだ磨かれていないだけ

「才能を磨く」と聞くと、何か特別なもののような感じを受けますが、考え方の問題です。そもそも「才能」は、すごいものだと考え過ぎています。才能さえ見つかれば、「人生すべてうまくいく！」と思っているのかもしれません。

ですので才能は自分の中にあり、何かのキッカケで自然と出てくるものであると信じて探してみましょう。

例えば、綺麗な花が咲く木のタネと同じです。タネは育てないと花が咲きません。初めから才能をすごいものだと考えすぎていると、いつまで経っても見つかりません。

・自分が育てることができるものは何か？
・タネが花になるものは何か？

くらいの感覚で自分の中にある才能を探すと見つけやすいものです。才能のタネを見つけて、磨きをかけましょう！

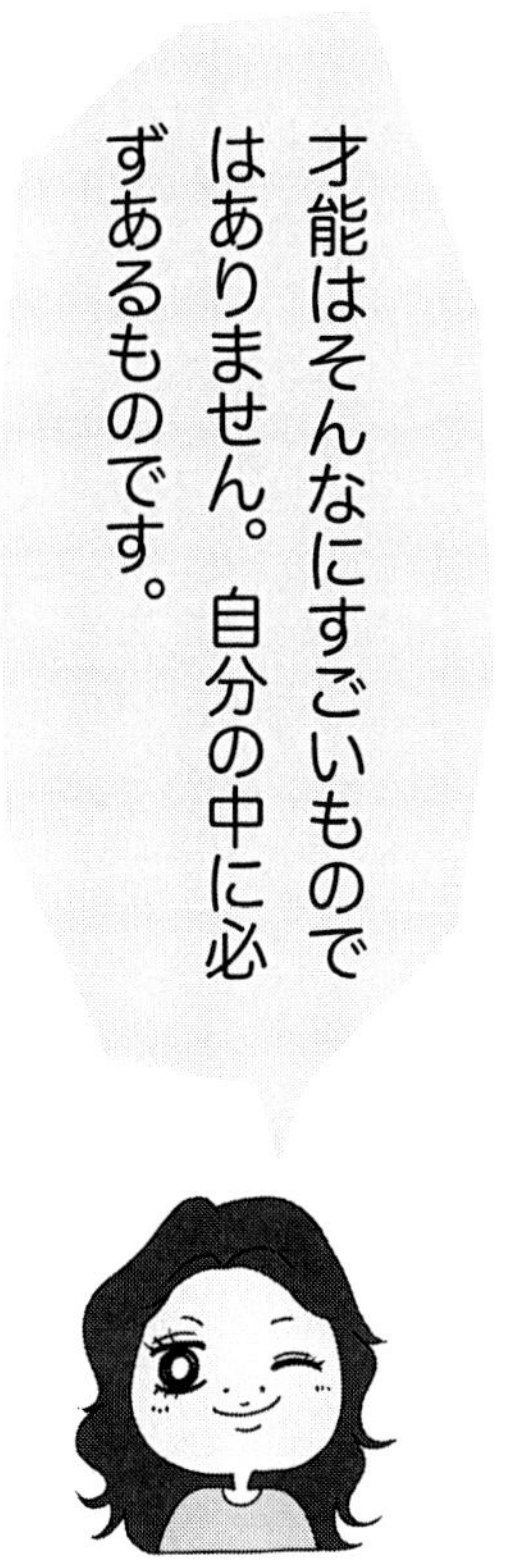
才能はそんなにすごいものではありません。自分の中に必ずあるものです。

才能とは「あなたが人から褒められるもの」のこと

自分の才能がわからないというのは、自分にとって当たり前にできてしまうことなので、気づきにくいということもあります。

今までを振り返ってみて、周りから「それ、すごいね！」「羨ましいわ！」と、褒められるものこそ、あなたの才能です。

有名な話ですが料理家の栗原はるみさん。今では、たくさんの料理のレシピ本を出版される注目の料理家です。料理家になったキッカケは、ご主人の同僚にお料理ふるまった際、「美味しいね！　お店みたい！」と褒められことだといいます。褒められて始めて自分の才能に気がつかれたのでしょう。

私も同じような経験があります。ある日、仲の良い友人たちとランチをしていたときです。

「有可子さんは、人から相談をよくされるし、アドバイスがうまいからカウンセラーに向いていると思うの。カウンセラーになれば？」と言われたのがキッカケで、この道に入るための心理学を勉強を始めたのです。

何がキッカケになるかわかりませんが、周りの人は客観視していて意見をくれます。「私って、どんな才能があると思う？」と聞いてみるといいかもしれません。言われた才能を育てるのも楽しいですね。

人から褒められてきたことから一つに絞ることが才能発見につながる

褒められるということは、人よりも目立って優れているということです。

今まで、人から褒められたことを思い出し箇条書きにしてみると、結構な量になります。あまり思い出せない人は周りの人に聞いてください。意外なものも出てくるかもしれません。

その中で、一番楽しいもの、あるいは続けているもの、好きなものを選ぶと何になりますか？　選んだものに対して、一つひとつ丁寧に自分自身に質問してみてください。

・なぜ楽しいのか？
・なぜ続けられたのか？
・どこが好きなのか？

その答えと感情が、あなたが日頃大切にしているものです。心の奥で大切にしているものに光を当て育てていくと、やがて才能の芽が出てきます。

「人から褒められたことがない」と感じたら今までの歴史を振り返って書き出してみる

人からあまり褒められたことがない人は、今まで生きてきた歴史を振り返ることをお勧めします。過去にやっていた「習い事」や「好きなこと」「趣味」など。過去の経験も才能に変わります。

成功体験の中にも「才能のタネ」があります。

■成功体験を書いた後、言葉を変えてみる

例えば、私の子供の頃の成功体験は

・幼稚園のとき、さつまいもの絵の色が優秀でテレビにも取り上げられた
・小学校のとき、読書感想文のコンクールで受賞した
・母が書家なので書道を物心ついたときからずっと続けた
・中学校は水泳部で3年間、毎日休まず続けた
・文化祭では、歌手のモノマネで舞台に立った

これを得意なこととして言葉を変えてみます。

・再現性
・文章を書くこと

・継続すること
・人前に出ること
となり、才能のヒントが生まれます。

■夢中になったことを思い出して書き出す

そして、質問します。何があなたをそんなに夢中にさせたのでしょうか？　これまで夢中になってやっていたことをすべて書き出しましょう。ここでは、「好き」が見つかります。

■今まで、お金と時間を費やしてきたことはなんですか？

そして、質問します。お金と時間を費やした理由はなんですか？　これまでお金と時間を費やしてやってきたことをすべて書き出します。ここで何度も出てくる言葉が、あなたの才能である確率が高いのです。

さあ、ワーク❸で、あなたの才能を見つけてみましょう。

ワーク③

褒められた人の「自分の才能」を見つける
――「眠っている才能」に光をあてることで未来は変わる！

(1) あなたの「時間を忘れて集中できること」はなんですか？

■（　　　　　　　　　　　　）
■（　　　　　　　　　　　　）
■（　　　　　　　　　　　　）

(2) あなたの「やっていてワクワクすること」はなんですか？

■（　　　　　　　　　　　　）
■（　　　　　　　　　　　　）
■（　　　　　　　　　　　　）

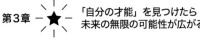

(3) あなたの「人生になくてはならないもの」はなんですか？

■（　　　　　　　　　　）
■（　　　　　　　　　　）
■（　　　　　　　　　　）

褒められたことがない人の「自分の才能」を見つける

(1) 自分の幼少期から今までを書き出す

■（　　　　　　　　　　）
■（　　　　　　　　　　）
■（　　　　　　　　　　）

(2) そんな中で「できたこと、好きだったこと」にスポットを当てる

■（　　　　　　　　　　）

■（　　　　　　　　　　）

■（　　　　　　　　　　）

■（　　　　　　　　　　）

■（　　　　　　　　　　）

⑶ そんな過去の自分を褒めてあげる

■（　　　　　　　　　　）

ワーク❸をすることで、自分の才能のヒントが見つかりましたか？
書き出すことによって、多くの気づきがあったと思います。
ゆっくり時間をかけて書き出してください。
気づきがあることだけでも一歩進んだことになります。

なりたい自分を
言葉にしていくことで
その夢が実現する！

第4章

「なりたい未来をイメージする」ことで潜在意識が動き出す

「目標設定」することで、必要な情報が次々と集まってくる

「目標設定」することは願望実現のために最低限必要な羅針盤

目標設定することが、未来のあなたを変える第一歩です。

どこに向かっているのかもわからず、ただ、毎日を漫然と過ごしているだけでは、いつまで経っても現状のままです。脳は「怠け者」ですので、きちんと方向を決めないと動き出しません。

例えば、タクシーに乗ったとき「とりあえず、どこかに行ってください。そのうち決めます」という人はいませんよね。きちんと目的地を伝え、急いでいるときは、何時までに着きたいとまでお願いします。

人生も同じです。目的地と期間、期限を決めることがとても大事です。学生を卒業してからは、自分で選択して、自分で人生を一つひとつ決めていきます。その結果が今の現実となるのです。

これからの人生の中で、

・何を手に入れたいのか？
・何を実現したいのか？
・どこにたどり着きたいのか？

という目的と目標地点を明確にしておくことが必要になります。目標に向かう人と向かってない人では必ず差が出てきます。

私の講座の受講生は、

・自信がない状態から、今では普通のサラリーマンの年収をはるかに超えました
・インスタグラムで顔出しなしから、今では毎日ライブ配信をしています

という変身を遂げています。なぜ、彼女たちは変わったのか？変わることができたのでしょうか。

それは目標設定を何回も繰り返し、「目的地の設定」をして達成したときのイメージを脳に焼き付けたからです。

「なりたい未来を鮮明にイメージする」と潜在意識が動き出す！

では、イメージとは何でしょうか？

ここでいうイメージとは、「なりたいなぁ〜」ではなく、すでに立てた目標が叶っている状態、つまり達成している「なっているイメージ」のことです。

これを、五感で十分に味わいます。

例えば、「30人の前で講演するという目標」をイメージしてみましょう。

目の前には、30人の観客が座っています。

女性が7割で、年代は40代〜50代でしょうか。みなさんおしゃれをしています。

講演が終わると観客席から声が聞こえます。

「とっても良いお話でした！」

「すごく良かったです！」

嬉しさが込み上げてきます。

身体中がポカポカして、講演を終えた達成感を味わっています。

「なんて楽しいんだろう!」

会場には、女性たちのつけている香水の良い香りがします。

着ている赤いワンピースの裾がひらひらと、少し開いている窓からの風でなびいています。

「私は、みんなに応援されて幸せだ!」

というふうに、達成している自分を具体的にイメージして、十分に味合うことで脳が錯覚を起こし目標に向かいます。

潜在意識は、イメージを現実と錯覚しそれを実現するために動き出す

脳は曖昧なものには反応しない仕組みになっています。五感で感じながらイメージし、言い切ることで「これは現実に起こっていることだ」と錯覚します。

そして、認識した現実に必要なものだけが目に付くように情報を集める働きをしはじめます。この脳の働きを脳科学では「ＲＡＳ」（ラス）といいます。

例えば、赤い車の話をした直後は、やたら赤い車が目に付いたという経験はありませんか？　これは脳が必要な情報を集めている証拠です。

明確なイメージをするだけで、脳が動き出すこの方法を知っているのと知らないのでは、人生がガラッと変わります。となれば、脳をうまく味方にするしかないですよね。

私は考えるより、イメージすることが得意でしたので、今のような行動力が付いたのはそのお陰かもしれません。

講座の中でも、「目標が達成しているイメージを明確にして、言い切ってください！」といつも言っています。イメージが得意な方は、結果が出るのも早いのです。

なりたい未来の状態を「言葉」にして常に自分に言い続けることでセルフイメージが高まる

セルフイメージという言葉、最近よく耳にするようになってきました。セルフイメージを高めた方がいいなと思って、この本を手に取っていただいている方もいるかもしれませんね。

セルフイメージとは何か？ 自分が自分に抱いているイメージのことです。

・自分がどんな人間か？
・どんなことが得意か？
・どんなことが苦手か？

自分に対するイメージのことで、これは今まで育ってきた環境や経験にひも付けされた「思い込み」によって作られていきます。

例えば、子供の頃に「賢いね～」と言われる経験をしたとすると、「自分は賢いのだ」という思い込みとともにセルフイメージが作られているのです。

社会人になってからも、もちろんセルフイメージは作られていきます。「私は仕事ができる！」というセルフイメージを持つ人はどんどん仕事で結果がでます。「私は、仕事ができない」というセルフイメージを持つ人は、どれだけ頑張っても、なかなか結果がでません。

マイナスの思い込みは、未来の邪魔をします。あと一歩というところで挫折したりします。自分がどんなセルフイメージを持っているかで、未来や人生が変わってくるのです。

なりたい自分の未来の姿を書き出してください。そして、毎日繰り返し声に出してみる。実際に耳から聞くことで脳にインプットされます。自分に対するイメージを、とにかく「プラスに変える！」ことが大切です。

常にイメージすることで潜在意識から顕在意識に変わり必要な情報が次々と集まってくる

ここで、潜在意識と顕在意識の関係性をわかりやすくお伝えします。

潜在《せんざい》意識とは、通常、意識に上がらない水面下の意識（無意識）のことです。一方、私たちが意識していることを顕在《けんざい》意識といいます。普段、人は多くの思考や行動、感情などは潜在意識（無意識）で行っています。

言い換えると、潜在意識と顕在意識はメンバーとリーダーのような関係性を持っています。

外部の情報はリーダー（顕在意識）を通ってから、メンバー（潜在意識）に伝えられます。リーダーからの情報を、メンバーが受け取り、それに関わるたくさんの記憶やデーターベースから、感覚や感情をつけてリーダーに返します。それをリーダーが、評価や意思決定などを行います。

ここまで聞くとリーダーの方が強そうですが、実はメンバー（潜在意識）はリーダー（顕在意識）の9倍以上のシェア力があるので、リーダーより強いことになります。

ですので潜在意識を使いこなすことが、自分の能力を発揮することにつながります。偉業を達成して歴史に名を残している人たちは、この潜在意識を上手に使いこなしていたと言われています。

ここで、潜在意識の特徴を考えます。

・善悪がない
・時間の概念がない
・主語の認識がない
・否定形を理解できない

ここで言う否定形とは、「寝坊しないようにしよう」「緊張しないように」など、「〇〇しないように」という言葉です。

この否定形を潜在意識はどのように捉えるのでしょうか。

「寝坊しないように」↓寝坊しているイメージ
「緊張しないように」↓緊張しているイメージ

潜在意識の働きは、イメージを具体化して仕組みを動かします。

つまり、イメージしたものを実現させようと働きかけるのです。寝坊をしないようにしても寝坊をしたり、緊張しないようにしても緊張するわけです。ダイエット中にお菓子をたべたり、セミナーの講演の時に緊張するのもこの働きがあるからです。

この潜在意識のカラクリが分かれば、普段から自分の使っている言葉に意識を向けることができます。常に達成しているイメージの言葉を使うことで、潜在意識が必要な情報を集めてくれるわけです。

では、自分の目標を実現させるために肯定的な言葉で次のワーク❹をやってみましょう。

ワーク④

目標を叶える質問シート

――目標設定し、未来の自分を五感で感じよう

【8つのフレーム】

⑴ あなたの欲しい結果はなんですか？（目標は肯定文で表現します）

（例）ダイエットをする

■（　　　　　　　　　　　　　　　　　）

⑵ 成果が手に入ったら、どのようにしてわかりますか？（証拠）

五感を使って目標を具体化します。（達成している自分からの証拠）

（例）

・体重計を見ると5キロ減っている。きつかったスカートが入る（視覚）

・家族や友達に「痩せたね～」と言われる（聴覚）
・体が軽く感じる（体感覚）
視　覚↓■〔　　　　　　　　　　　〕
聴　覚↓■〔　　　　　　　　　　　〕
体感覚↓■〔　　　　　　　　　　　〕

(3) 成果はいつまでに、どこで、誰とつくりますか？（状況）
（例）３ヶ月後に、家の中とスポーツジムでジムのトレーナーと。
■〔　　　　　　　　　　　　　　　〕

(4) それを手に入れると、自分自身や周りにどのような影響がありますか？
自分自身にとって良い影響と悪い影響、周りの人にとって良い影響・悪い影響に分けて書き出してください。

（例）

・肌の調子が良くなり、着たい服が着られるようになる（自分に良い影響）
・友達や仲間と、飲みに行けないストレスがたまる（自分に悪い影響）
・痩せることで、一緒にプールに行ったりできる（周りに良い影響）
・期間中は、食事したり飲みに行ったりできない（周りに悪い影響）

自分に良い影響■［　　　　　　　　　　　　　　　　］
自分に悪い影響■［　　　　　　　　　　　　　　　　］
周りに良い影響■［　　　　　　　　　　　　　　　　］
周りに悪い影響■［　　　　　　　　　　　　　　　　］

悪い影響が事前にわかっていれば、始める前に対処することができます。

この場合だと、「3ヶ月はダイエットするから協力してね！」と伝えるだけで、友達との溝ができません。

(5) A.あなたがすでに持っているリソースは？

リソースとは自分が持っているすべてのもの。スキル・経験・信念・価値観・時間・お金・人間関係・性別・年齢・家族・住んでいる場所…など。自分がよくなるための資源です。

（例）スポーツジムに通う時間がある

■［　　　　　　　　　　　　　　］

B.成果を手に入れるための更に必要なリソースは？

（例）ジムに通う日程を、スケジュールに組み込む

■［　　　　　　　　　　　　　　］

(6)現在、成果を手に入れるために止めているものは何ですか？（制限）

（例）ついお菓子を食べてしまう

↓お菓子を止めるのはストレスが溜まるので果物やなどに変える

■〔　　　　　　　　　〕

↓〔　　　　　　　　　〕

(7) 成果を手に入れることは、

あなたにとって、どんな意味がありますか？（感情）

目標の先の目的（達成している自分をイメージして感じる）。

（例）理想の体重になって鏡を見るのが楽しみで嬉しい！　すがすがしい気持ち。着たいワンピースが着られてワクワクしている。

■〔　　　　　　　　　〕

(8) では、初めの一歩は？　何から始めますか？

目標を達成するには、具体的な行動が必要です。

（例）ジムの予約を取る。ウエアーを用意する。

■〔　　　　　　　　　　　　　　　　　　〕

この8つの質問を自分にするだけで達成したい目標に近づけます。脳がイメージしたものに向かうよう意識するからです。

実践するときは、この順番通りに進めてください。脳が行動しやすい順に構成されています。ただし、目標を達成するには次の5つの条件がありますので留意してください。

①肯定的に表現されている（〇〇したくないという表現は×）
②目標を望む人がコントロールする
③五感に基づいて明確にされている（証拠）
④達成できそうな目標になっている
⑤環境に適応している

自分に許可を出して
潜在能力を目覚めさせ
覚悟を決めて
前に進みましょう！

第5章

私はできる！ 絶対うまくいく！ と自分に許可を出そう

「私は、○○する！」と断言することで
潜在能力が目覚める！

最大の味方である自分が自分に許可を出さなきゃ何も始まらない！

自分自身に許可を出すことができない人は、他人に対しても寛容でいられません。例えば、自分に対して、「常に冷静でいなければばならない」と思っている人は、起伏の激しい人を許すことができません。

「仕事は大変！」と思っていると、楽に稼いでいる人を見ると落ち込みます。つまり、自分が我慢していることを人がやっていたら嫌なものです。この嫌だなと思う数が多ければ多いほど、人生が息苦しくなります。

「〇〇してはいけない」という自分ルール、いわゆる固定観念を書き出してみてください。そして、その固定観念に許可を与えてみましょう。

例えば、

「人に甘えてはいけない」➡甘えていいよ

「家事は全部一人でやらなければいけない」➡できる人がやればいい

このように固定観念に許可を出したら、実際にその通り行動してみてください。最初は少し勇気がいるかもしれません。でもやってみると

「人に甘えてはいけないと思っていたけど、受けて入れてくれるし、自分もほっとした！甘えるって考えているより、どうってことない！」

という大きな気づきが得られます。

一度、固定観念に許可を出すことができたら、「私はこれでいいのだ！」と、自信を持って自分に許可を与えることができるようになります。

言葉より行動の方が強力ですので、自分に許可をだしたらすぐに実行することが大切です。

自分の価値を決めているのはじつは自分自身

「価値」という言葉の響きは、なにか特別なものでなければいけない気にさせます。でも考え方を変えるだけで、普通に生きているだけでも十分な価値があるのです。私は、「価値」を命の次に大事なものだと捉えています。

価値は、人によってモノサシが異なります。同じものを見ても「好きだ」という人と、「嫌いだ」という人に分かれますよね。他の人の基準で自分を設定しようとすればするほど、自分らしさがなくなるということです。

また、何ができようが、何ができなかろうが、何を持っていようが、持っていなかろうが、価値は上がりもしないし下がりもしません。

カウンセリングをしていると、時々「自分には価値がない」という人がいます。これは勝手に自分で自分の評価をしているだけなのです。

「価値がない」というのは誰が決めたのですか？　という質問をするとみなさん

ハッとします。堂々と胸を張って、自分の存在にこそ価値があると思ってください。

「私はできる！ 絶対うまくいく！」と信じることで自己効力感が上がる

自己効力感とは、「自分の行動について、うまく遂行できると思っている」ことを指します。ひとことでいうと「自信」です。

・自分は、困難を克服できる
・自分は、現状を変えることができる

という「自分ならうまくやれる」という自分を信じる感情です。

例え根拠がなくても自分を信頼して「私ならできる」という自信が、自分を信頼する力になってきます。自分を信頼していると、仕事や人生の中で失敗したり転んだりしたときでも、必要以上に落ち込まずに次の目標に向かってチャレンジすることができます。

そして、この自分を信頼する力は、行動を確実に生み出す力となるものです。今日から、「私はできる！」「絶対うまくいく！」と自分を信じて一歩踏み出してもらえればと思います。

「〇〇〇したい」ではなく「〇〇〇をする！」と断言することで潜在能力が目覚める！

「自分の中に秘められた力があるのかもしれない！」と考えたことはありませんか？ 私たちには表面に現れない、内に潜んでいる能力があると言われています。これがいわゆる「潜在能力」です。

例えば、火事のときに自分にはあると思えない大きな力を出して、重い物を持ち出したりする「火事場のバカ力」と言われているのも秘められた力のひとつです。

切迫した状況に置かれると、普段には想像できないような力を無意識に出すことのたとえに使われますね。

日常の生活の中でも、

・夏休みの宿題を最後の1日で終わらせることができた!
・締め切り間近には、自分でも信じられない力を発揮できた!
・走るのが苦手なのに最終電車に乗ろうとするとものすごいスピードで走れた!

などの経験をした方もいるはずです。

人間は、追い詰められると脳内物質のひとつ「ノルアドレナリン」が出るといいます。ノルアドレナリンが出ることで、注意力・集中力が高まり脳機能が高められ普段とは違う力を発揮するのです。

「私は、○○したい」「いつか○○になりたい」と思っているだけでは能力は発揮されないのです。

目標設定のところでもお伝えしましたが「私は○○する!」というふうに、言い切ること、断言することで潜在能力が目覚めるということです。言葉を変えると、「覚悟を決める」ということですね。

人生の過去の扉はバタンと音がするくらい思い切って閉める！あなたの覚悟が「未来の扉」を開く

一歩前に進みたい！　次のステージに進みたい！　と考えるとき、なんとなくとか、あいまいな気持ちで行動しているでしょうか？　少なからず、ある程度の「覚悟」を決めて進んでいると思います。

私は、覚悟を決めるということを大切にしています。なぜなら、自らの人生と真剣に向き合っていくためには、覚悟が必要不可欠だと考えているからです。

覚悟を決めないで、あいまいな状況でものごとに取り組んだ場合、失敗して落ち込むようなことがあると、その結果を素直に受け入れられません。上手くいかないのを周囲のせいにしたりして、責任のがれの言いわけ探しに時間を使うことになります。これでは人生が楽しくなるはずもなく、大切な人生の時間の無駄使いになります。

たしかに、覚悟を決めるということは多くの不安を感じさせます。しかし、覚悟を決めた人とそうでない人では明らかに行動に差が出ます。すべてを投げ出してでもやると決めた人は、望む結果を得るために懸命に努力をします。そして、上手くいかない場合のことも覚悟しています。

せっかくの人生、今までの扉を思いっきり閉めて、新しい扉を開けてみてはいかがでしょう。きっと素晴らしい未来が、あなたをお迎えしてくれます。

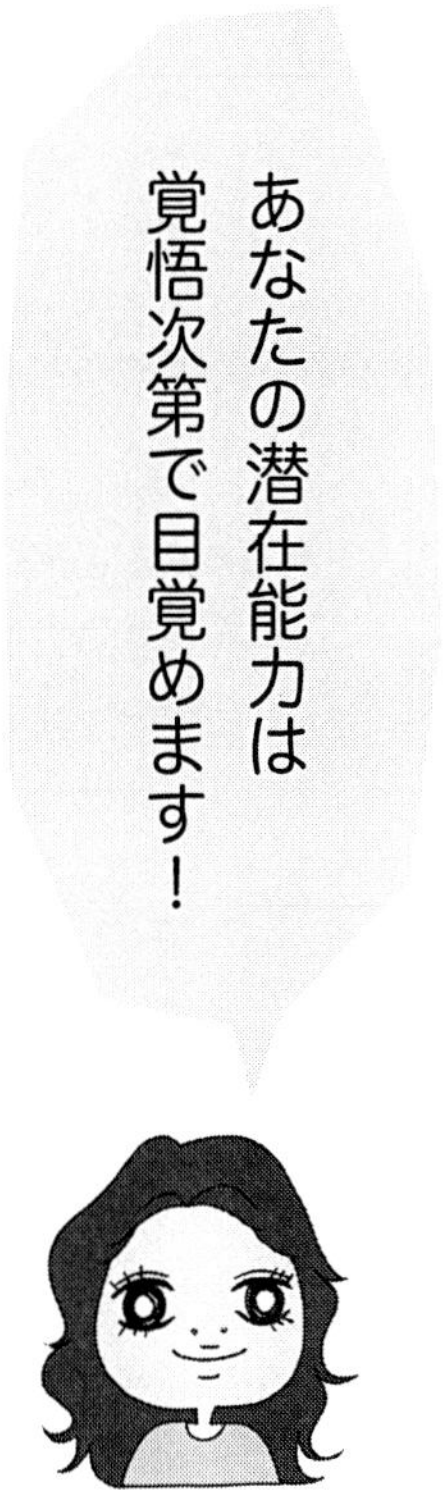

ワーク⑤

潜在能力を目覚めさせるポジティブフレーズ

――「言葉」を変えるだけで捉え方や意味が変わる

人は、さまざまな物の見方・視点を通して出来事を体験します。物の見方・視点のことを「フレーム」といい、このフレームを変えることを「リフレーミング」といいます。リフレーミングすることで行動が変わります。

リフレーミングには、次の2種類があります。

【状況のリフレーミング】

・今あるものを変えずに、生きる場所や状況を探せる視点

・どういう時にこの行動は役立つか？

・役立つ状況を見つける

【内容のリフレーミング】
・相手にも自分にも使え、力づけることができる視点
・ほかにどのような意味があるのか？

(1) **状況のリフレーミング**
うまくいっていない状況を書き出して変換してみましょう。
（例）「小さなことに目がつきすぎる」→「経理や数字を扱う仕事に向いている」
■「　　　　　　」→「　　　　　　」
■「　　　　　　」→「　　　　　　」
■「　　　　　　」→「　　　　　　」

(2) **内容のリフレーミング**
自分が欠点に思っていることを書き出して変換してみましょう。

（例）「優柔不断」
→「慎重」「何事にも注意深い」「いろいろな可能性に配慮できる」

■（　　　　　　　　）→（　　　　　　　　）

■（　　　　　　　　）→（　　　　　　　　）

■（　　　　　　　　）→（　　　　　　　　）

(3) ポジティブフレーズの活用法

・飽きっぽい→好奇心旺盛
・頑固→意志が強い
・おせっかい→気が利く
・短気→判断が早い
・落ち着きがない→活発で元気がある
・臆病→用心深い

・いい加減↓おおらか
・強引↓リーダー性がある
・負けず嫌い↓向上心がある
・口下手↓聞き上手
・けち↓経済観念がある
・消極的な↓慎重
・コップの水が半分の場合／半分しかない↓まだ半分もある
・手術で成功する確率の場合／10％は失敗する↓90％は成功する

このワーク❺をすることで、物の見方・視点をポジティブに変換させて、行動を起こして潜在能力を目覚めさせていきましょう。

自分の人生です。
自分の意志で
素晴らしい人生のゴールを
目指しましょう！

第6章

人生の主人公はあなた！自分を主語にして決断する

自分を幸せにできるのは、自分だけ！
もっと「わがまま」になろう

他人が主語になっている人は他人の人生を歩いている！

主語が「自分」ではない人は「もったいない！」人生を送っています。

主語が「自分」か、「他人」かで大きな違いが生まれます。

「〇〇さんが言っていたのだけど…」

「〇〇さんがこうだから…」

このように主語が「他人」である限り、他人に振り回されて生きていることになります。振り回されるとは自分がない状態のことです。

よくあるのが、

・主人がダメって言いそうだからやめておく

・子供が〇〇だから諦める

・母が好きじゃないのでやめておく

これでは、自分の人生を生きていないのも同じですね。

・私はこう考える
・私はこのようにしたい
・私はこう行動する
・私はこう思うのだけど、あなたはそうなのね
このように、主語が「私」になると自分の意志で選択して生きていることが明確になります。

自分で考え、選択し、判断し、行動に移していきましょう。
主語が「他人」の場合は、まず今日から「自分」に置き換えていきましょう。

いつも自分が「何を感じ、何を考えて、何をしたいのか、何を伝えたいのか」を優先する！

自分を主語にしたら、次は自分に対していろいろ質問していきましょう。
・私は今、何をしたいのか？

・私は、これから先、どうなりたいのか？
・私は、周りに何を伝えていきたいのか？
・私は、何を感じたいのか？（視覚、聴覚、体感覚）
とにかく、主語を「自分」にすることで、発した言葉にも責任を持つことができるようになります。これが行動にも結び付きます。

人の意見に左右されない！自分で決断することで「自信」が持てる

・誰かの言っていることが気になる
・自分のやっていることが正しいのか常に不安
こんなふうに、常に何かに気を使わなければいけない状態は疲れますね。他人の人生ばかり気にかけていると、このようにザワザワ、ビクビクの連続です。

他人が気になる人は、いつもこんな状況です。

・Aさんが〇〇って言ったから、私も〇〇にします。
・Bさんが〇〇にしたから、私もそれにします。

他人の人生を観察している時間、従っている時間を自分のために使ってください。すると、「これはあの人の人生で私には関係ない！」と切り離すことができます。

他人のことを気にしない生き方は、とても楽だと思うはずです。

人の顔色を見ない！
自分の直感を信じることで「責任」が持てるようになる

人の顔色を見る人は、周りから「気に入られよう」「好かれよう」と思っている人です。言い換えると他人から嫌われるのが怖い人ですね。

人の顔色ばかりを気にすることで、自分の本当の気持ちや行動を抑えてしまい、人の言動に左右され、自分の意見を持てなくなるケースもあります。

一見すると他者を優先することは、対人関係や状況が良くなると思うかもしれません。しかし、自分を無理矢理に抑えて他者を優先することと、他者を尊重することは違います。

まず、自分と他人とは価値観が違うのです。これに気づいて、自分と他人の間に境界線を引くことで、自分らしい考えや行動ができるようになります。そして、行動の秘訣は、「直感」で感じたものを優先すると、後で後悔しなくなります。

私がそうなのです。物事は「直感」で決めます。物事を即決するときも、1週間ほど考えてから決断・行動するときも「直感」を優先します。自分の直感なので他人のせいにはできません。失敗した時も自分の責任だと思うことができるので、落ち込んでもすぐに切り替えられます。

これは脳の訓練で身につくので安心してください。直感は、自分自身が感じたことなので、それに従うと自ずと責任感も生まれてくるのです。ぜひ、やってみてください。自分を信じるって気持ち良いものです。

人の意見や指示を待たず自分で決めて行動するそれが、「自分の人生を歩く」ということ

結局、自分の人生を歩くというのは「自分で決める」ということです。自分で決めるということは、自分の心の声を聞くことです。

・自分のやりたいことをやる
・本当に生きたい人生を歩く
・自分で決めて、自分で歩く覚悟をする

親や学校の先生、会社や世間の意見を鵜呑みにしている人生は、きっと振り返ったら後悔だらけになるでしょう。

人生の道は、無限にあると思えば選択肢はたくさんあります。もし、「自分の人生を歩いていない」と思うのであれば、「自分がどこを目指しているのか」「自分がどうありたいのか」を感じてください。

どんな人生だったらワクワクしますか？

ワクワクする自分の人生の目標を見つけましょう。そして、その目標を目指して歩くと決意することです。自分の人生を、周りにとやかく言われる筋合いはないのです。

「自分の人生を歩く！」

そう決めるだけで一歩踏み出し、違うステージにいける気がしませんか。

自分を幸せにできるのは自分だけ！
他人は、あなたが期待しているほど考えていない

「自分を幸せにできるのは、自分しかいない」。この言葉は、私が自分で決めた仕事を始めて、これまで自分自身で頑張り続け、少しずつ自信がつき、自らの責任で仕事をやり切り、毎日が楽しく充実してきた経験があるからこそ声を

大にして言えるのです。

その前は、「○○ができたら幸せになれる」「○○してもらったら幸せになれる」と、自分本位ではなく、他人に依存するような考え方をしていたのです。やはり他人は自分が期待しているほど人のことを考えていないのです。そりゃそうですよね。

自分のことは自分が一番理解できるし、自分を幸せは自分で勝ち取るしかないのです。人生100年時代、自分で自分を幸せにしていきましょう。

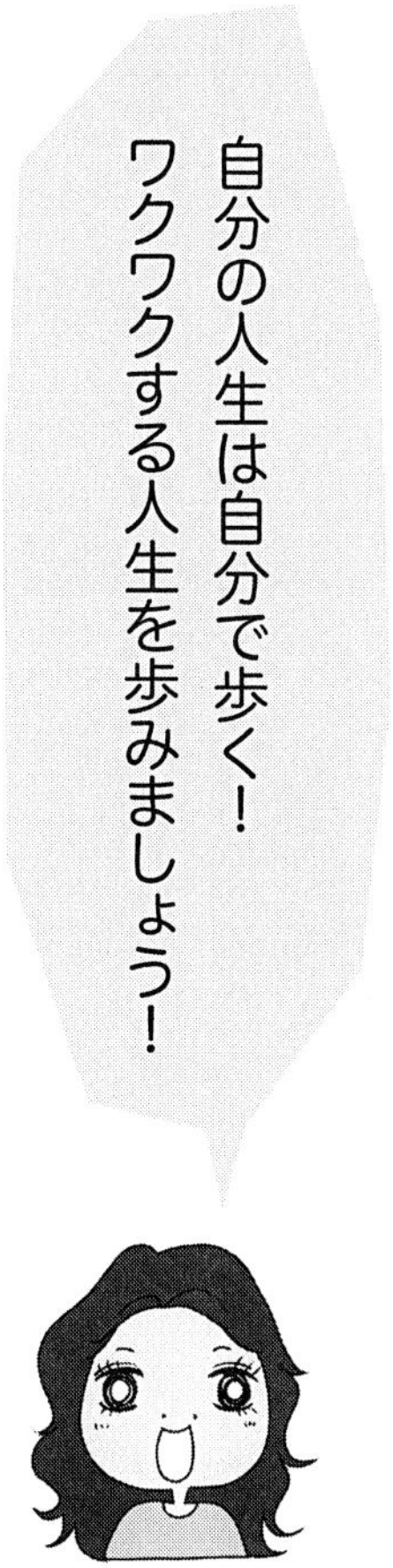
自分の人生は自分で歩く！
ワクワクする人生を歩みましょう！

ワーク⑥

自分を主語にして未来を構築する

――自分軸で生きていくには、「私」を必ずつける

(1) 私は何をしたいのか？（書けるだけ書く）

（例）私は、アロマを習いたい

私は、沖縄に行きたい

私は、お鮨を食べたい

■（　　　　　　　　　　　　　　　　）

■（　　　　　　　　　　　　　　　　）

■（　　　　　　　　　　　　　　　　）

(2) セルフトークを変えて行動を起こす

セルフトークとは、無意識に心の中で呟いているものです。人は、1日に3~5万回呟いています。つまり心の中の口ぐせです。一般的に、ほとんどがネガティブな短い言葉でできています。

・どうせ無理、だめだ
・面倒臭い
・私にはできない

このつぶやきが、あなたの行動をストップさせている原因です。変えるだけで、見えてくる世界が変わってきます。ポイントは、より具体的にイメージしながら言い切ることです。

（例）海外旅行にいつか行きたいなぁ→来年の5月にシンガポールに行く

■（　　　）→（　　　）
■（　　　）→（　　　）
■（　　　）→（　　　）

(3) 私の未来構築シート

自分がしたいこと、セルフトークを変えることで見えてきた未来の自分を書いてみましょう。

- ■（　　　　　　　　　　　　　　）
- ■（　　　　　　　　　　　　　　）
- ■（　　　　　　　　　　　　　　）
- ■（　　　　　　　　　　　　　　）
- ■（　　　　　　　　　　　　　　）
- ■（　　　　　　　　　　　　　　）

事例集・お客様の声

一歩踏み出して変身！

ブランディング心理学のカウンセリングで
人生が大きく変わった事例やお客様の声をご紹介します。

■事例①一歩踏み出して変身

自分から誘うことができない妄想する前に勇気を持って踏み出す

Hさん　40代男性　会社員

目の前に現れたHさんは、見るからに自信がなさそうな感じでした。聞こえるか聞こえないかのような小さな声で、

「もう僕はだめかもしれないです。会社の社長から食事に誘ってもらったことが一度もないんです。家に帰っても、奥さんは僕のことを無視します。休みの日も一緒に出かけたことは、もう何年もありません」。

このHさんは、何が問題なのでしょうか？

全部、相手からの誘いを待っている状態でした。自分から声を掛ければ良いことなのですが、断られたらどうしようという不安が先に立ってしまっています。

ただ、この断られるというのは「妄想」です。まだ起こってもいないことを心

配して、悪い方へと自分で決めつけていました。そこで、Hさんに宿題を出しました。

・社長を食事に誘うこと
・奥さんを食事や買い物に誘うこと

2週間後に私の目の前に現れたHさんは、別人のようにイキイキして得意げに報告をしてくれました。
「社長と食事に誘うことができましたし、妻と近所のラーメン屋さんに食べに行きました。これをきっかけに、自分の思いを相手に伝えることができるようになりました」。報告を受けてホッとしました。アドバイスできてよかったです。

不安とは、まだ起こってもいないことを考えるときに出てきます。まず、妄想する前にダメ元であたってみるということが大事ですね。

■事例②一歩踏み出して変身

彼氏に合わせていた結果自分の存在や価値観が消されてしまった

Aさん　30代女性　飲食店経営

２店舗の飲食店を経営。人とのコミュニケーションが一番大切な職業のAさんは、明るくて人付き合いがよく、とてもポジティブな方でした。

私もときどき、彼女のお店へ遊びに行ったりして働く姿を見ていたのですが、いつもイキイキとした感じをうけていました。ところが、私にカウンセリングをしてほしいと連絡をしてきた彼女はいつもの感じと違います。

話を聞くと、彼氏ができ、付き合って同棲を始めたら束縛がきびしく、今までのようにお客さんや友達と出かけるのを禁止され、おまけに、気に入らないことがあると怒り出すとのこと。

それでも、彼とうまくやっていくと決めた彼女は、できるだけ家にいるようにし、まるで専業主婦のように家事を完璧にするようになったと言います。

お店はスタッフに任せて、何とかまわっているとのことでしたが、やはりお客さんのことが気になる毎日で、どんどん自分らしさがなくなり、物事をネガティブに捉え始めます。このままだと、病みそうだということでした。

他人軸で物事を進めていくと、自分の存在や価値観が消されてしまいます。

Aさんにとっての一番の幸せを、もう一度考えるようにアドバイスしました。

しばらくしてから、彼女は引っ越しを決意し、もとの自由な自分に戻り、イキイキさを取り戻しました。

Aさんの場合は仕事を取りましたが、どちらを選ぶにせよ自分の人生ですので、自分が一番幸せだと思う生き方をしないと後で後悔してしまいます。自分に蓋をしたまま生きていくほど、辛いことはありません。

常に、自分が幸せな状態にいられることを前提として
人生を楽しく過ごしていただきたいと思います。

■事例③一歩踏み出して変身

子育てでイライラ
そんな時こそ自分を大切にする

Mさん　40代女性　専業主婦

Mさんは、晩婚で40代をしばらく超えてからの出産でした。

それまでは独身の自由さを謳歌していたため、出産後は育児に追われて、子供に時間を取られ自分の時間がないと、心も体も疲弊している状況でした。

そして、泣いているわが子を見ると、ついイライラしてしまう。そんな時に相談に来られました。

私は、子育てに関しては、この方の先輩に当たります。

子育ての経験を生かしながら、いろんな角度からアドバイスをしました。

・寝不足からの疲れで、感情のコントロールができなくなってしまうこと

・子供は思い通りに行動しないものであること
・完璧に子育てをしようとしないこと（育児書の読みすぎなどが原因）　など

女性には、あるあるですが、やはりこの場合も自分を大切にすることで子供にも笑顔で接しられるようになります。

「〜しなければならない」という固定観念をはずし、毎日頑張っている自分に美味しいケーキなどのご褒美を用意しましょう。

ご主人がお休みの日は、美容院にいくなど、自分の時間を持つこともとても大切なことです。

Mさんは、私に相談することで気が楽になり、感情をコントロールをすることができ、子供が泣いてもイライラすることがなくなったそうです。

同じ出来事でも、捉え方、考え方の違いで結果が変わってきます。

脳を味方につけましょう。

■事例④ 一歩踏み出して変身

何をしていいかわからない…
そんな時は自分自身の深掘りを

Sさん　50代女性　会社員

40代で子育てが落ち着いた途端、50代になった途端、この悩みはほとんどの人に出てきます。

「起業したいけど、何をして良いかわからない…」

「定年の声が聞こえてきた今、この先が不安…」

Sさんも、このようなお悩みでカウンセリングを受講されました。

「何をして良いかわからない」という方のほとんどが、自分の強みや才能を知らない、気づいていないということが多いです。

自分のことを深掘りしていくことで、自信を持ち、どんどん自分を好きになっていきます。

Ｓさんも、時間をかけて深掘りしました。

自分のやりたいことと、人より優れている強みがずれているので、何を発信していくのかに時間がかかりましたが、ようやく見つかりました。

今では、新しい仕事の集客に向けて、毎日ＳＮＳで投稿して頑張っています。

何をしていいかわからない状態から、自分がこれで起業しようと覚悟を決める瞬間のＳさんの顔は、とても素晴らしいものでした。


準備に早い遅いはありません。

気がついた瞬間から、一歩進むことで不安が減少していきます。

とにかく、何をしていいか分からないというときには自分に質問をすることです。

何をしている時が幸せなのか？

何をしている時がワクワクするのか？

一歩踏み出すためには、自分の深掘りがおすすめです。

■事例⑤一歩踏み出して変身

毎日の苦痛と不満が掃除・片づけで解消できる

Nさん　40代女性　会社員

会社員のNさんは、「全く会社が楽しくなく、毎日苦痛でしかない」とのことで相談に来られました。

話を聞いていくうちに、ご主人と仲が悪い、子供が反抗期でかわいくない、会社の部下が言うことを聞いてくれない…、自分の環境についての様々な不満をうちあけてくれました。

普通、ご相談があるときは、ひとつのことに対して深くお話をしていくのですが、彼女の場合は自分以外のものは全部敵にしか見えていない状態です。そんなNさんのような心が安定していない場合、何をしたらいいか?

それは「掃除」です。一見、関係のないように思えますが、心と部屋の中の状態は繋がっているのです。実際に、Nさんの家の中はぐちゃぐちゃで、キッチンの写真を見せていただきましたが、ひどいものでした。

「とにかく、掃除をしてきてください！」との私の言葉に、半信半疑の様子でしたが、掃除の期限をつけたので渋々という感じでした。

1ヶ月ほど音沙汰がなかったので、心配していましたが連絡がきました。自分では掃除できなかったので、専門の掃除屋さんに頼んだらしいのです。

「部屋が綺麗になると、不思議と心の中がスッキリしました。夫婦で話し合いもできるようになり、子供とも向き合えるようになりました」とのことです。

その後、アンガーマネジメント（感情のコントロール）を受講していただき、今では様々な不満・苦痛とは無縁になられました。

自分が過ごす空間はとても大事です。
水回りと玄関、家族が集まるリビングは、片づいていることが大切です。
あなたの家は、あなたの心の状態です。

■お客様の声①一歩踏み出して変身

失敗が気づきに変わる　一歩踏み出すことで、何かが動き開き始めます

Ｈ・Ｙさん　50代男性　開運ビジネスコンサルタント

私は、すでに会社を立ち上げてから、今年で15年目に入ります。人並み以上の収入もあり、事業も拡大してはいますが、それでも、やはり新しいことをチャレンジすることには恐怖はつきものです。無から有を生みだすとき、思ったような結果にならないこともありますし、心が折れることもあります。

そこで、より知識を深め、レベルアップしたいという思いと、更に誰かのお役に立つためにと、後藤先生の心理学を受講しようと決めました。

・なぜ行動がデキないのかで悩むとき

・失敗をしたときに落ち込むとき

・なぜ、結果が出なかったのかを考えるとき

その時々で考える力、答えを見つけられるようになる力こそが大事という先生。

「失敗が気づきに変わる」ということの意味が理解できました。そして、自分を客観視でき、心のブレーキ、ストッパーがかかったときの「答え合わせの方法」が身につきました。

後藤先生から学んだ心理学のおかげで、一歩前へ、さらに一歩前へ進むことができるようになりました。

人生は、思った通りにはいきません。
人生は、行動した通りにいくのです。
まさに、未来を変えるには「行動」に尽きます。

ビジネスだけではなく、コミュニケーションの向上にもなり、人生が豊かに思える良い学びになりました。

■お客様の声②一歩踏み出して変身

何でも自分できめていいんだ！自分の価値を知ることができた

M・Oさん　20代女性　アルバイト

私は、生まれてから大学を卒業するまで、優等生として生きてきました。

母親がすべて用意してくれて、私は言われた通りに習い事をし、母親が選んだ塾へ行き、母親が決めた大学に進みました。着るものも、母親の好みのものを着ていました。

大学に入るまでは、それが当たり前のように過ごしてきましたが、大学に通い始め、周りの友達と付き合っていくうちに、「もしかして私は変なのかもしれない」と思い始めたのです。

大学の友人たちと着たいものを買ったり、旅行の計画を立てたり、学校の帰りに、食べたいものを食べたり…。

「いちいち、母親の許可をもらわなくてもいいんだ…」ということに気づいた私は、今までの自分がすべて嫌になりました。そして、就職活動もせず、大学は卒業したものの、家に引きこもるようになりました。

とにかく誰にも会いたくなかったのです。ただ、一部の友達とはＬＩＮＥで連絡を取り合っていました。その友達のお母さんが、心配をしてくれて有可子さんを紹介してくれました。

有可子さんは、私の思いをすべて受け止めてくれました。素晴らしい人生だとも褒めてくれました。話せば話すほど、心の闇が晴れていく感じがしました。少し時間はかかりましたが、

「何でも自分で決めていいんだ！」

そう思えたのがきっかけで、今は、自分で探したバイトをして楽しんでいます。服も自分で好きなものを買って着ています。有可子さんに会えて、自分が取り戻せました。ありがとうございました。

■お客様の声③一歩踏み出して変身

見える世界が変わる
言いたいことが言えるようになった

A・Kさん　30代女性　OL

学生時代に苦い経験があり、感情は出さないほうがいいと自分で決めて以来、会社でもなるべく発言しないようにしていました。

その癖で、嬉しくても悲しくても、ほぼ顔つきが変わらないようになりました。何を考えているのか分からないと言われることもありましたが、それでも、感情を抑えて生きている方が人間関係は楽だと思っていました。

しかし、就職をしたら楽だとは言ってられなくなりました。発言をしない私は、上司から必要以上には声をかけてもらえず、同期からも食事に誘われない存在になっていきました。

このままではダメだと思い、有可子先生のカウンセリングを受講しました。

今では、自分の言いたいことは言えるようになり、喜怒哀楽も出せるようになりました。会社では、新しい友達もでき、とても楽しく過ごしています。

先生がいつも言われている「見える世界が変わる」というのは本当でした。

以前のまま、自分の思っていることを相手に伝えず、顔に感情を出さないようにしていたら、きっと今の楽しさは味わえずにいました。

先生に相談して心からよかったです。あのまま生きていたら、今の私の幸せな感覚は味わえなかったです。

もし今、私と同じような辛い思いをしている方がいたら、信頼できる誰かに相談すること、自分が自分で変わろうと思うことが、人生を良くする秘訣です。

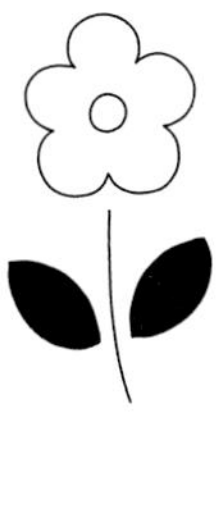

■お客様の声④一歩踏み出して変身

ブレたり、途中で自分を見失ったりせずしっかり自分軸ができました

T・Hさん　50代女性　アロマライフスタイリスト

私は、とにかく癒されることが好きで、アロマで起業しました。

アロマは、脳や心理と切っても切れない深いつながりがあるので、より心理学の勉強がしたくて、有可子先生の講座を受講しました。

受講している最中は、コロナの真っ最中ということもあり、オンラインセミナーがあちこちで開催されていました。ついついアロマとは違うものに目がいき、いろんな方のオンラインセミナーに、毎日、顔を出しまくりました。

顔を出しまくった結果、自分の持っているものの素晴らしさに気づかずに、もっともっと―という迷子の状態に陥ってしまったのです。

その最中は、当然、自分がブレていることにも気づかず…。

ただ、私は有可子先生の心理学を学んでいたおかげで、途中でハッと我に戻り、あちこちに顔を出す行為をやめました。それからは、しっかりと自分の伝えたいものに向き合えました。

ただ、ここではっきりと言えるのは、ひとりでは決して向き合えていなかったと思います。

この「ブレたり」「途中で自分を見失ったり」することは、起業家にはよくあることなのです。でも戻れるか戻れないかは、やはり有可子先生の心理学を学んでいないと、なかなか難しかったのではないかと思います。

そして、起業した事業をやめたりする人が多い中、生き残るには心を強くすることだと確信しました。今では、自分軸もしっかりとでき、ブレることなく、アロマのお茶会を満席にしたりしています。

これからも、アロマの魅力を一人でも多くの方にお伝えできればと思っています。

■お客様の声⑤一歩踏み出して変身
心が折れそうになっても
めげない強い心で乗り越える

A・Tさん　50代女性　ファッションコンサルタント

幼少の頃からファッションが好きで、絶対にファッションで食べていくと心に決めていました。母も洋裁をしていたこともあって、おしゃれが身近にあったのかもしれません。

学校も就職もファッション関係に進みましたが、結局、専業主婦となりました。そして、子供も大きくなって何かしたいと思い、再び好きなファッションでの起業を決意しました。

コンサルの資格も取り、起業のノウハウも手に入れましたが、心理学とファッションのミックスした講座をお伝えしたくなり、有可子先生が主宰しているブランディング心理学を受講しました。

起業をすると良いことばかりではなく、事業が成長していくステージごとに壁が立ちはだかります。心が折れそうになり、その度に、自信がなくなることもありました。

普通の精神状態なら、そこで諦めてしまうところでしたが、有可子先生の心理学を学んだおかげで、「手にしたい未来のイメージを鮮明にできること」「問題を洗い出して改善する力」「視野を広くし、いろんな角度から物事を考えられるようになったこと」で目の前の壁も、なんなく乗り越えられるような自分に変われました。

今では、セールスをしなくても、お申し込みが入るまでになりました。

自信がなかった私はもういません。

起業はもちろん、人生をどう過ごしていくかは、「心の状態がすべて」と有可子先生は言いますが、本当にその通りだと思います

■お客様の声⑥一歩踏み出して変身

自分の強みを知ることでネガティブな自分を払拭できました

Y・Yさん　40代男性　不動産業

自分が正しいと思っていても、急に不安になったり、ネガティブになったりする性格でした。そして、ある出来事があってから、すべて物事がうまくいかなくなり、目に見えるほどのスピードで自信を喪失していきました。

一つのことを決めるにしても、悪い方悪い方へと考え込んでしまう自分。考え込むと、行動がストップしてしまう自分。そんな自分が嫌になり、自分の意思で一歩も進めなくなったとき、有可子さんからアドバイスをいただきました。

まず、自分の強みを教えていただき、そこから自信がうまれました。そして本来の自分に出会えたことで、近い未来の人生の目標も再度設定できて、その目標を達成するイメージも明確にすることもできるようになりました。

達成した時のイメージがあると、「自分は何でもできるんだ！」と感じるようになり、おのずと強気になっていきました。そこで、ネガティブを払拭できたのです。

ネガティブを払拭できてからは、今までの自分が嘘のように、どんどん物事に挑戦することができるようにもなりました。

ほんの小さな気づきでここまで変われるものなのだと、自分でも驚いています。今では、ポジティブな考えが増えて、仕事も人間関係も良好で毎日を楽しくすごしています。

有可子さんが、いつも楽しんで物事をやっている理由がわかりました。ありがとうございました。

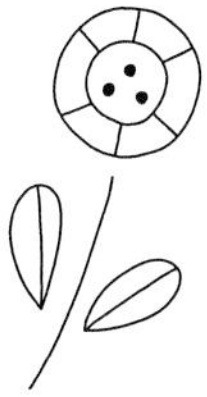

■お客様の声⑦一歩踏み出して変身

ありのままの自分を受け入れることで自信がつきました

Mさん　50代女性　美ボディヘルスコーチ

とにかく、自信がもてませんでした。

スポーツジムでクラスを受け持っていたり、あらゆる体のことについての資格を持っていて技術には自信がありました。でも、いざ、自分が独立をしてお金をいただく立場になると、自信をなくし、遠慮してしまう自分が出てしまうのです。

そこで、ゆかこさんの講座を受講することに決めました。

・今までの経験や過ごしてきた時間はすべて財産である
・自分の価値は計り知れない
・存在自体に価値がある

という学びから、ありのままの自分を受け入れることができるようになりました。

起業をする上で必要なマインドセットも身につきました。

すると、自信がどんどんついてきたのです。自信がつくと、人前で話をしたりするのが大好きだったことを思い出したり、目立つのが好きだった自分が自然とでてきました。

それがきっかけで、ミセスコンテストに出たり、３００名が集まるイベントに登壇したりと、いろんなことにチャレンジできるようになりました。

また、いろんな人からお誘いを受けたりすると、これまでは行きたくなくても断れなかったのですが、今では、行きたいところにだけいく、という選択する力と決断力もつきました。

人生において、最も大事なことを、ゆかこさんから学べてよかったです。

ありがとうございました。

おわりに

最後までお読みいただきありがとうございました。

ここまで読み進めていただき嬉しく思います。自分に自信を持ちながら、一歩踏み出すことの大切さと、今まで思い通りにいかなかったハードルが、随分下がった感じになれたと思います。

この世に生まれてきた価値と、あなたしか描けない人生は、かけがえのないものです。あなたが作り出す未来がこれから待っています。壮大な夢、ささやかな夢、あなたの夢を叶えるのは、あなたです。

あなたが、この本から受け取ったものを使って、少しでも未来に活かせていただけたら、これ以上嬉しいことはありません。

今、できることをやることが、一歩踏み出すきっかけとなります。そこから未来が始まります。「自分の未来は、すべて自分が決める」のです。あなたの時間は限りがあるのですから。

ひとりでも多くの方が、その人らしい生き方ができる世の中を作りたい。笑顔の大人を増やすことが私の使命だと思っています。

この本をきっかけに、少し心理学に興味が出てきたら一緒に心理コーチとして活動してみませんか？ いつか直接お会いできることを楽しみにしています。

最後に、この出版にあたり長い間執筆を待ってくださった平成出版の方々、本を世に出すことを後押ししてくださった遠藤励起先生、そして私の講座を受けてくれた受講生、学んでくれているコーチたち、応援してくれる先生、先輩、仲間に心から感謝いたします。

ありがとうございます。皆さんのおかげで、今の私がいます。

２０２３年9月吉日

一般社団法人 日本心理学マネジメント協会

代表理事　後藤 有可子

平成出版 について

本書を発行した平成出版は、基本的な出版ポリシーとして、自分の主張を知ってもらいたい人々、世の中の新しい動きに注目する人々、起業家や新ジャンルに挑戦する経営者、専門家、クリエイターの皆さまの味方でありたいと願っています。
代表・須田早は、あらゆる出版に関する職務（編集、営業、広告、総務、財務、印刷管理、経営、ライター、フリー編集者、カメラマン、プロデューサーなど）を経験してきました。そして、従来の出版の殻を打ち破ることが、未来の日本の繁栄につながると信じています。
志のある人を、広く世の中に知らしめるように、商業出版として新しい出版方式を実践しつつ「読者が求める本」を提供していきます。出版について、知りたいことや分からないことがありましたら、お気軽にメールをお寄せください。

book@syuppan.jp 平成出版 編集部一同

ISBN978-4-434-33009-4 C0036

指示待ちさんから自分で選ぶさんへ変身！

令和5年（2023）10月17日 第1刷発行

著 者 **後藤 有可子**（ごとう・ゆかこ）

発行人 須田早
発 行 **平成出版**G株式会社
〒104-0061 東京都中央区銀座7丁目13番5号
NREG銀座ビル1階
経営サポート部／東京都港区赤坂8丁目
TEL 03-3408-8300 FAX 03-3746-1588
平成出版ホームページ https://syuppan.jp
メール：book@syuppan.jp

発 売 株式会社 星雲社（共同出版社・流通責任出版社）
〒112-0005 東京都文京区水道1-3-30
TEL 03-3868-3275 FAX 03-3868-6588

編集協力／安田京祐、大井恵次
本文イラスト／illust AC
制作協力・本文DTP／Pデザイン・オフィス
Print／DOz